Winterbastelspaß

Der Winter ist da. Er zeigt sich hier von seiner heitersten Seite und auch Weihnachten ist nicht mehr weit.

Mit den fröhlichen Figuren und Motiven in diesem Buch können Sie sich gute Stimmung ganz schnell in Ihre Wohnung holen oder als Geschenk weitergeben.

Gebastelt sind die schwungvollen, netten und meist lächelnden Engel, Schneemänner, Rentiere, Pinguine, Nikoläuse und Lebkuchenfiguren aus Papier, kombiniert mit Filz und weiteren schönen Materialien und Accessoires. Sie schmücken Fenster, Türen, den Kaffeetisch oder sogar einen Adventskalender. Und das Schönste: es geht ganz einfach dank der genauen Beschreibungen und Vorlagen.

Viel Winterbastelspaß wünscht Ihnen

Pia Pedevilla

Die Motive lassen sich in folgende Schwierigkeitsgrade unterteilen:

● ○ ○ einfach ● ● ○ etwas schwieriger ● ● ● anspruchsvoll

IHRE GRUNDAUSSTATTUNG

Diese Materialien und Werkzeuge werden häufig verwendet. Sie sollten sie zur Hand haben, denn sie werden in den Materiallisten nicht gesondert aufgeführt.

- festes Transparentpapier (für Schablonen)
- feine Filzstifte in Rot und Schwarz (für Augen und Mund)
- Lackmalstift in Weiß (Lichtpunkte)
- weicher Bleistift, Radiergummi
- Alleskleber oder Hartkleber, Klebestift, Heißklebepistole, Holzleim, z. B. UHU
- mittelgroße, spitze Schere
- Zackenschere, Nagelschere
- Cutter mit geeigneter Schneideunterlage
- Wasserglas, Plastikteller
- Pinsel in verschiedenen Größen
- Buntstifte und Filzstifte in allen Farben
- Nadel und Faden
- Prickelnadel
- Zirkel, Lineal
- Klebepads oder Abstandsband
- Holzschaschlikstäbchen
- Schmirgelpapier, Bleistiftspitzer, kleines Messer

Hinweis: Mit „Rest" ist immer ein Stück gemeint, das maximal A5 groß ist.

So wird's gemacht

1 Die Vorlage mit Bleistift auf festes Transparentpapier übertragen und ausschneiden. Diese Schablone auf das gewählte Papier auflegen, mit einem Bleistift umfahren und ausschneiden. Abgerundete Formen lassen sich leichter mit einer kleinen Nagelschere schneiden, gerade Schnitte mit einem Cutter auf geeigneter Schneideunterlage.

2 Fotokarton-Dessins, die wie Stoff aussehen, kann man ganz einfach selber machen. Vor dem Ausschneiden mit Buntstift ca. 1 cm breite Karos aufzeichnen und mit einer anderen Farbe dann Linien dazwischen ziehen.

Streifen mit Filzstiften aufmalen, farbige Punkte mit Lackstift oder Filzstift auftragen.

3 Mithilfe des Vorlagenbogens die Einzelteile positionieren, zusammenkleben und zusätzlich dekorieren: zeichnen, beschriften, bemalen. Die Gesichtslinien mit Filzstift malen, die Wangen mit rotem Buntstift färben. Dazu mit Schmirgelpapier, einem Messer oder Bleistiftspitzer etwas Farbe von der Stiftspitze schaben und mit dem Zeigefinger verreiben.

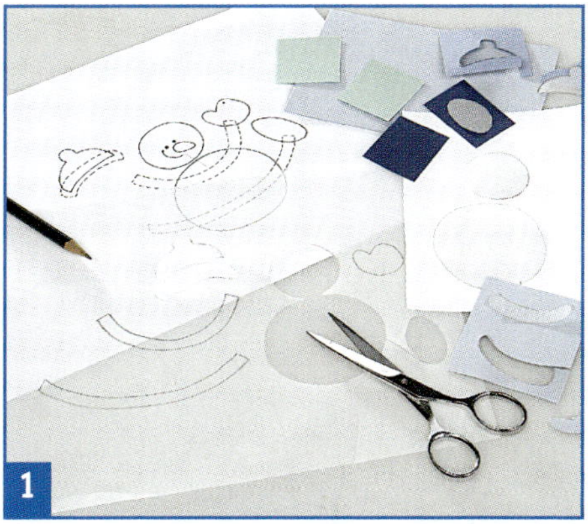

Tipps und Tricks

- Die Löcher für den Aufhängefaden oder die Drahtspirale werden am einfachsten mit einer Zirkelspitze eingestochen. Für etwas dickere Drahtstücke werden sie mit einem Holzschaschlikstäbchen etwas erweitert.
- Kleinere Teile zum Verzieren lassen sich leichter aus Tonpapier ausschneiden.
- Die Punkte auf Filz, Papier und Löffelstiel werden mit der Rückseite eines Schaschlikstäbchens oder eines Pinsels, der in die Farbe getaucht wird, aufgetupft.
- Einen plastischen Effekt erzielt man, wenn Teile mit Klebepads unterlegt werden wie z. B. Ärmel oder die Nase aus Fotokarton.
- Dünne Drahtspiralen entstehen, indem man den Draht eng um ein Stäbchen wickelt und nach Belieben etwas auseinanderzieht.

Hinweis: Wenn Kinder bei den Bastelarbeiten mithelfen, lassen Sie sie den Cutter nie allein benutzen. Auch die Heißklebepistole gehört nicht in Kinderhände.

Engelkinder beim Spiel

→ Deko-Figuren

1 Das gemusterte Kleidteil ausschneiden, das kurze Papierdrahtstück als Hals einkleben. Das Kleidchen sorgfältig zu einem Spitztütchen einrollen und die Kanten zusammenkleben. Das Kragenteil mit der Scherenspitze lochen, auf den Hals aufschieben, umbiegen und beidseitig ankleben.

2 Die Papierdrahtarme und die hautfarben bemalten Halbkugeln als Hände aufkleben. Den Beindraht in das Tüteninnere kleben, die weißen Holzperlen dazufädeln und die Enden mit Klebstoff in den bemalten Holzschuhen fixieren.

3 Auf das hautfarbene Köpfchen die Gesichtslinien aufzeichnen. Für die Locken aus Wolle einige Reihen feste rechte Maschen stricken, auftrennen, zurechtschneiden, mittig zusammenbinden und aufkleben. Die türkisfarbene Schleife anbringen.

4 Für das Kleidchen des anderen Engelkindes die gemusterten Papiere andersherum verwenden und ein bemaltes Schaschlikstäbchen mit aufgesetzten und dazugehängten Sternen in die Hände kleben. Bei beiden von hinten die Flügel fixieren.

Anleitung für Schaukelmond siehe Seite 6.

MOTIVHÖHE
ca. 18 cm

MATERIAL PRO FIGUR

- gemusterte Tonpapierreste in Türkis mit weißen Quadraten und Türkis mit weißen Punkten
- Fotokartonreste in Weiß, Hautfarbe, Gelb und Türkis
- Papierdraht in Weiß, ø 2 mm, 24 cm lang (16 cm für Arme, 2 cm für Hals)
- Acrylfarbe in Haut und Türkis
- 2 Holzfüße, 2,5 cm x 2 cm
- 2 Rohholzhalbkugeln, ø 1,5 cm
- 2 Holzperlen in Weiß, ø 4 mm
- Wolle in Gelb
- evtl. Schaschlikstäbchen

VORLAGENBOGEN 1A

Schaukelmond

→ Fensterbild

MOTIVHÖHE
ca. 16 cm

MATERIAL

- Fotokartonreste in Gelb, Blau und Hautfarbe
- Tonpapierreste in Weiß, Türkis mit weißen Quadraten und Türkis mit weißen Punkten
- Papierdraht in Blau, ø 2 mm, 2 x 10 cm und in Gelb, 8 cm lang (6 cm für Stern, 2 cm für Haare)

VORLAGEN-BOGEN 1A

Abbildung auch auf Seite 4.

1 Die Einzelteile ausschneiden, das Gesichtchen aufzeichnen und alles mithilfe des Vorlagenbogens zusammenkleben. Die gelben Papierdrahthaare zurechtschneiden und am Hinterkopf fixieren.

2 Arme und Beine ankleben. Das Engelchen mit dem unteren Kleidsaum von hinten an die Mondsichel kleben, die Füße zurechtbiegen und ankleben. Einen Stern an einem gedrehten Papierdraht dazuhängen.

Schutzengel

→ Türrahmendeko

MOTIVHÖHE
ca. 38 cm

MATERIAL

- Fotokarton in Weiß mit goldenem Sternenmuster, A4
- Fotokartonreste in Gold, Rot, Braun und Hautfarbe
- Kordel in Weiß, 2 x 8 cm lang (Beine)
- Edelbast in Weiß
- Tannenranke in Grün, 6 mm breit, 40 cm lang
- Satinband in Rot, 2 mm breit, 40 cm lang
- Holzstern in Gold, ø 2 cm

VORLAGEN-BOGEN 1A

1 Die Hände von hinten an die Ärmel kleben. Ärmel und Kragen mit Abstandspads auf dem Sternkleidchen fixieren. Die Flügel an der Rückseite anbringen.

2 Das Gesicht aufzeichnen, die Wangen rot einfärben und als Nase einen mit Buntstift pink bemalten Kreis aufsetzen. Den Bast mittig bündeln, zusammenbinden und als Frisur ankleben. Die Haare auf die gewünschte Länge kürzen und die Mitte mit dem Goldstern überkleben. Das Köpfchen aufsetzen und Halsansatz sowie Kleidsaum mit Tannenranke schmücken.

3 Das rote Oval auf die braunen Schuhe kleben und ein Loch einstechen. Die Kordel durchführen, an der Hinterseite festkleben und die Beinchen an der Kleidrückseite fixieren.

4 Die Herzform mit Tannenranke umkleben und die doppelt genommene Kordel als Aufhängung fixieren.

Knusper, Knusper, Knäuschen

→ Fensterbild

MOTIVHÖHE
ca. 34 cm

MATERIAL

- Fotokarton in drei verschiedenen Hellbrauntönen und in Weiß, A4
- Tonpapierreste in Weiß, Hellgrün und Rot
- Papierdraht in Natur, ø 2 mm, 4 x 8 cm
- Satinband in Rot, 3 mm breit, 8 cm lang
- Plüschpompon in Rot, ø 7 mm
- Plusterfarbe in Weiß
- Metallglöckchen in Weiß, ø 2,2 cm

VORLAGENBOGEN 2A+2B

1 Das weiße Eingangstor an die Hausfront kleben und das Schneedach mit Abstandsband aufsetzen. Dahinter den Kamin samt Schneehaube fixieren.

2 Das Herz aufkleben und darunter das weiße Mittelfenster mit vier hellbraunen Papierquadraten, seitlich davon die braunen Fenster mit weißer Mandel aus Tonpapier fixieren.

3 Die Brezel mit der Nagelschere ausschneiden, am Torbogen ankleben und darunter die Lebkuchen mit aufgesetzter Mandel und Mittelpunkt festkleben. Zum Schluss die Dekorationen mit Plusterfarbe aufmalen, gut trocknen lassen und das Metallglöckchen dazuhängen.

4 Alle übrigen Teile sind genauso gefertigt. Die Fertigung des Lebkuchenjungens ist auf Seite 18 beschrieben.

Tipp: **Das Lebkuchenherz kann auch an einem Satinband eine Serviette zusammenhalten (Abb. unten). Eine Sternform wird zum Tropfenfänger auf einem Apfel mit eingesteckter Kerze (Abb. links).**

Löffeltrio

→ liebe Grußboten

MOTIVHÖHE
ca. 48 cm

MATERIAL
- 3 Holzkochlöffel mit runder Kelle, ø 5,5 cm, 40 cm lang
- Acrylfarbe in Weiß, Hautfarbe, Hellgrün, Grün, Hellbraun, Rot und Pink
- Fotokarton in Weiß und Rot, A4
- Fotokartonreste in Schwarz, Hellbraun, Braun, Hellblau, Pink und Gelb
- Blumendraht in Schwarz, ø 0,35 mm, 3 x 15 cm lang
- Plüschpompon in Weiß, ø 1,5 cm
- Satinband in Hellgrün, 6 mm breit, 10 cm lang
- Plusterfarbe in Weiß

VORLAGEN-BOGEN 1B

1 Stiele und Löffelkellen in der entsprechenden Farbe anmalen und bei dem dunkelgrünen Rentierlöffelstiel nach dem Trocknen die hellgrünen Punkte auftupfen. Die Gesichtslinien aufmalen, beim Weihnachtsmann die Bartteile aufkleben und alle Kartonnasen mit einem weißen Lichtpunkt versehen.

2 Dem Schneemann den schwarzen Zylinder mit gemustertem Band aufsetzen und die Schalteile anbringen. Beim Rentier die Kartonohren und das Geweih an der Rückseite ankleben, das Haarbüschel an der Vorderseite. Das Satinband umbinden. Den Rand der Mütze des Weihnachtsmannes mit Plusterfarbe bemalen und diese über Nacht trocknen lassen. Den Pompon an die Spitze und die Mütze an die Löffelkelle kleben. Auch auf dem Rentiergeweih etwas Plusterfarbe verteilen.

3 Mit Bastelfarbe und Pinsel oder mit einem weißen Lackstift die Streifen am Rand des roten Schildovals malen und dann das kleinere weiße Oval aufkleben. Die Löffel positionieren, das Schild etwas unter Schal und Bart einschieben und die Stiele mit Heißkleber daran fixieren. Die Handschuhe aufsetzen und die Sterne an Blumendrahtspiralen befestigen.

Tipp: **Einzeln können die drei auch als weihnachtliche Blumenstecker eingesetzt werden.**

FROHE
WEIHNACHTEN

Versteckspiel

→ Fensterbild

1 Die beiden Mützenteile und den dreiteiligen Schal auf den Schneemann kleben, den Pompon an die Mützenspitze setzen und das Gesicht aufmalen. Die Kartonnase mit etwas Abstandsband aufsetzen.

2 Die Armlinie mit Filzstift ziehen, die zwei Löcher einstechen und den gebogenen Aludrahtstab durchschieben. Das Schneeteil am Rand leicht hellblau färben, über dem Stab positionieren und fixieren. Darauf das zweiteilige Vögelchen mit den beiden Papierdrahtfüßen festkleben und das Vogelhäuschen an einer dünnen Silberdrahtspirale dazuhängen.

3 Den Knopf auf gelben Faden fädeln, durch das vorher eingestochene Loch fädeln und fixieren.

4 Das Pinguingesicht aufmalen, den Schnabel aufkleben und wie auch den schwarzen Flügel seitlich ankleben.

5 Der Langlaufpinguin hat das gleiche Köpfchen. Zuerst das schwarze Schwänzchen hinter den Körper kleben, einen Flügel aufsetzen, darüber den Schal und davor den zweiten Flügel. Unter den Flügel die Skistöcke aus Papierdraht einschieben und fixieren. Die Beinchen auf zwei Silberschuhe kleben und diese auf den Skiern befestigen.

MOTIVHÖHE
ca. 33 cm

MATERIAL
- Fotokarton in Weiß, A3
- Fotokartonreste in Helltürkis, Türkis, Hellblau, Blau, Schwarz, Gelb, Violett, Rosa und Silber
- Tonpapierreste in Weiß-Blau kariert und Blau mit weißen Punkten
- Papierdraht in Blau, ø 2 mm, 2 x 5 cm lang (Mützen) und in Gelb, 2 x 14 cm lang (Skistöcke)
- Plüschpompons, 1 x in Weiß, ø 2 cm, und 2 x in Hellblau, ø 1 cm
- runder Knopf, ø 2,2 cm
- Silberdraht, ø 0,35 mm, 20 cm lang
- Aludraht in Silber, ø 2 mm, 30 cm lang

VORLAGENBOGEN 1A+2A

Nikolaus kommt

→ Tischschmuck und mehr

MOTIVGRÖSSE
ca. 12 cm

MATERIAL SERVIETTEN-SCHMUCK

- Fotokartonreste in Weiß, Rot und Hautfarbe
- Papierdraht in Rot, ø 2 mm, 8 cm lang
- Plüschpompons, 1 x in Rot, ø 1 cm, 1 x in Weiß, ø 1,2 cm

ZUSÄTZLICH BRIEFUMSCHLAG

- 5 Wäscheklammern, 4,5 cm lang
- Fotokartonrest in Hellgrün und Schwarz
- Briefumschlag in Rot, 11 cm x 8 cm
- Acrylfarbe in Rosa und Rot

VORLAGEN-BOGEN 1B

Serviettenschmuck

1 Das bemalte Gesichtchen auf das große Bartteil kleben, die beiden Schnurrbartteile darüber aufsetzen und den Nasenpompon mittig darüber befestigen.

2 Die Serviette so falten, dass eine Spitze entsteht, dort den eingedrehten Papierdraht mit dem aufgeklebten Pompon einlegen. Den Nikolauskopf auf die Serviette legen und evtl. mit doppelseitigem Klebeband fixieren.

Briefumschlag

1 Zwei Klammern rosa bemalen, die roten Streifen anbringen und die grünen Händchen aufkleben. Zwei Klammern mit Fotokarton überkleben und schwarze Schuhe aufsetzen. Die Arme und Beine an den Umschlag klammern.

2 Das Köpfchen fertigen wie oben beschrieben. Die rote Mütze an der Bartrückseite fixieren und den Papierdraht mit aufgesetztem Pompon an die Spitze kleben. Den Kopf auf die Wäscheklammer kleben und mittig an den Umschlag klammern. Nach Belieben ein Papierbäumchen anbringen.

Tipp: **Das Nikolausgesicht kann auch als Dekoration für Pakete oder Schachteln verwendet werden (siehe oben in der Abbildung).**

Das Rentier tanzt

→ Hampelfigur

MOTIVHÖHE
ca. 36 cm

MATERIAL HAMPELFIGUR
- Fotokarton in Hellblau, A4
- Fotokartonreste in Hellblau, Weiß, Schwarz und Pink
- Formfilzreste in Hellgrün und Gelb
- Filzrest in Rot
- Acrylfarbe in Orange
- Paketschnur, 3 cm lang für Knopf, 20 cm lang für Schleife
- Wollfaden in Weiß, 50 cm lang
- Holzknopf, ø 2 cm
- Metallglöckchen, ø 1,6 cm
- 4 Musterbeutelklammern in Gold
- Motivlocher: kleines Herz

BONBONDOSE
- Pappschachtel, ø 8 cm
- Fotokartonrest in Hellbraun und Pink
- Formfilzrest in Gelb
- Schleifenband in Rot-Weiß kariert, 1 cm breit, 30 cm lang
- Paketschnur, 20 cm lang

VORLAGENBOGEN 2B

Hampelfigur

1 Alle Teile des Körpers ausschneiden und ringsum mit hellbraunem Filzstift eine gestrichelte Linie zeichnen. Das Gesicht aufmalen, den Nasenpunkt mit Abstandshalter aufsetzen und die Ohren sowie das Geweih aus Formfilz an der Kopfrückseite anbringen. Eine zusammengebundene Schleife aus Paketschnur an die Stirn kleben, Lichtpunkte aufmalen.

2 Das hellblaue Kleidchen aus Fotokarton auf ein Stück grünen Formfilz kleben, unten einen schmalen Karton-Rand stehen lassen, diesen zackig schneiden und kleine Herzchen aufsetzen. Den Holzknopf mit vorher eingeknüpfter Paketschnur aufkleben.

3 Auf die hellblauen Arme Filzstreifen kleben, die schwarzen Hufe an die Beinchen kleben und die weißen Strümpfe mit rot gemalten Streifen darüber befestigen.

4 Alle vorgesehenen Löcher mit einer Prickelnadel einstechen und jene, durch welche die Briefklammern geführt werden, mit einem durchgeschobenen Schaschlikstäbchen etwas vergrößern. Arme und Beine nicht zu eng an den Körper klammern, damit sie noch leicht bewegt werden können. Den Filzschal mit orangefarbenen Punkten betupfen, um den Hals schlingen und fixieren.

5 Den Wollfaden genau nach Anweisung auf dem Vorlagenbogen einknüpfen und am unteren Ende das Glöckchen festbinden.

Bonbondose

Das Rentierköpfchen anfertigen (wie oben), auf den Dosendeckel kleben, das Schleifenband um den Deckelrand binden und die Dose nach Belieben füllen.

ORANGE MARZIPAN
PISTAZIE MARZIPAN

Gingerbread

→ Motivkette

1 Die Körperform des Jungen mit einem kleinen Herz bekleben. Alle weißen Randlinien mit Plusterfarbe anbringen und trocknen lassen.

2 Die Muster für die Mädchenkleider mit Filzstiften aufmalen, mit roter Plusterfarbe umranden, trocknen lassen, ausschneiden und aufkleben.

3 Die Gesichts- und Körperlinien mit Plusterfarbe auftragen, den Nasenpompon und die Papierdrahthaare aufsetzen. Diese werden um ein Schaschlikstäbchen gewickelt und die so entstandenen Locken etwas auseinandergezogen. Bei den Mädchen eine Haarschleife mittig darüberkleben, bei dem Buben die Haare an der Rückseite ankleben.

4 Die fertigen Köpfchen an die Körper kleben, beim Buben zuerst die Fliege unterlegen. Den Mädchen die Satinbänder umbinden.

5 Alle Figuren seitlich lochen und auf eine Paketschnur fädeln. Zwischen den Figuren jeweils ein rotes Herz einschieben.

MOTIVHÖHE
ca. 10 cm

MATERIAL

- Fotokartonreste in Hellbraun, Rot, Grün und Beige
- Tonpapierrest in Weiß
- Papierdraht in Natur, ø 2 mm, 14 x 8 cm lang
- Satinband in Rot, 3 mm breit, 2 x 10 cm lang
- 3 Plüschpompons in Rot, ø 7 mm
- Paketschnur
- Plusterfarbe in Weiß und Rot

VORLAGENBOGEN 1A

Schneefreunde

→ Fensterbild/Türschild

MOTIVHÖHE
ca. 35 cm

MATERIAL
- Fotokarton in Hellblau und Helltürkis, A4
- Fotokartonreste in Weiß, Violett, Rot, Hellgrün, Gelb, Orange, Hellbraun, Rosa, Pink, Hellblau und Schwarz
- Formfilzreste in Schwarz und Rot
- Papierdraht, ø 2 mm, in Gelb, 2 x 6 cm (Pinguinfüße) und in Weiß, 4 cm (Hasenhals, Pinguinmütze)
- Aludraht in Schwarz, ø 1 mm, 1 m lang
- einige Naturbastfäden
- Pompon in Weiß, ø 7 mm
- Chenilledraht in Weiß, 8 cm lang
- Paketschnur, 10 cm lang (Schuhbänder)
- Wollfaden in Rot, 15 cm lang
- Plusterfarbe in Weiß
- Motivlocher: Schneeflocke (Abb. Titelseite)

VORLAGENBOGEN 3A

1 Die Gesichter aufmalen und die Wangen mit Buntstiftabrieb röten. Beim Schneemann die Nase und Bast als Haare aufkleben. Beim Rentier die Nase mit Abstandsband aufsetzen und beim Pinguin den Schnabel nur am Ansatz festkleben.

2 Auf den Formfilzhut des Schneemannes ein violettes Band kleben. Die Hasenpfoten aufsetzen, an der Rückseite das Papierdrahtstück für den Hals fixieren. Daran das Hasenköpfchen mit aufgemaltem Gesicht befestigen. Den Schal mit Buntstiften bemalen und auf den Körper kleben. Dem Schneemann den Hut aufsetzen und den Kopf auf den Schal kleben.

3 Den Rand der Rentiermütze mit Buntstift bemalen, die Mützenteile zusammenkleben, auf dem Kopf fixieren und auf der Rückseite das Geweih anbringen.

4 Die Armlinien mit Filzstift auf die Formfilzjacke zeichnen, den rechten Ärmelsaum quer einschneiden, den Handschuh einschieben und fixieren. Den anderen Handschuh an der Rückseite ankleben. Den Schal mit Buntstiften bemalen, an der vorgezeichneten Stelle einschneiden, aufkleben, den Hals in den Schlitz einschieben und festkleben. Die Beine zurechtlegen und die Schuhe mit eingeknüpfter Paketschnur und die Strümpfe mit aufgemalten Streifen befestigen.

5 Beim Pinguin den Flügel nur mit dem oberen Rand auf den Körper kleben, darüber den Schal befestigen. Die Mütze aufsetzen, den Rand mit Chenilledraht umkleben und den Pompon mit etwas Papierdraht an die Spitze hängen. Die beiden Papierdrahtbeine zurechtlegen und die Kartonfüße aufkleben.

6 Das hellblaue Schild türkis unterlegen und mit einem schmalen Rand ausschneiden. Die drei Freunde an seiner Rückseite ankleben: Zuerst die Beinchen von Pinguin und Rentier befestigen, dahinter beide Figuren und zum Schluss den Schneemann dazwischen positionieren.

7 Den Aludraht durch das Schild stechen, das Ende eindrehen, zu Spiralen biegen und an der anderen Schildseite durchstechen und fixieren. Den Draht auch am Hasenköpfchen festkleben und einige Sterne aufsetzen. An einem Wollfaden Herzchen dazuhängen und mit Plusterfarbe Schnee aufmalen. Das Schild mit einem Lackmalstift beschriften.

snow
friends

Katz' und Maus

→ Türschild und Tüte

MOTIV-HÖHE
ca. 35 cm

MATERIAL TÜRSCHILD

- Fotokarton in Weiß, A3
- Fotokartonreste in Rot, Gelb, Hellgrau und Violett
- Tonpapierreste in Pink, Hellrosa, Grün und Grau
- Wellpappereste in Weiß und Rot-Weiß gestreift
- Plusterfarbe in Weiß
- Blumendraht in Schwarz, ø 0,35 mm, 2 x 16 cm lang (Schnurrbarthaare), 3 x 10 cm lang (Stern und Schild)
- 3 Plüschpompons in Rot, ø 7 mm
- Holzherz, 1,5 cm

VORLAGENBOGEN 3B

Türschild

1 Die Katze aus weißem Fotokarton schneiden und mit grauem Filzstift das gescheckte Fell und die Beinumrisse aufzeichnen. Mund und Augen zeichnen, die Wangen einfärben, das rote Holzherz als Nase und rosa Innenohren aus Tonpapier aufkleben.

2 Mit Plusterfarbe weiße Punkte auf die beiden Schalteile setzen, Fransen einschneiden und ankleben. Die rote Mütze samt Flicken mit einem Rand und einem Pompon aus weißer Wellpappe überkleben und aufsetzen. Zwei Stücke Blumendraht als Schnurrbarthaare durchstechen und an der Rückseite ankleben.

3 Das Schild beschriften und mit einem schmalen Rand rot-weiß gestreifter Wellpappe umkleben. Zwei grüne Blätter aufsetzen und darauf die Plüschpompons arrangieren.

4 Das Mäuschen gestalten und die Linie beim Ohr leicht einschneiden. Mit Plusterfarbe an der Mütze einen weißen Rand und einen Pompon malen, über Nacht trocknen lassen, in die Schnittlinie einschieben und ankleben. Das Schwänzchen und den Arm aus Tonpapier schneiden, an der Rückseite fixieren und vorsichtig in Form biegen.

5 Das Mäuschen über dem Geschenk befestigen. Mit Blumendraht das Schild an den Katzenkörper und einen Stern an den Schwanz hängen.

Tüte

1 Die Spitztüte weiß grundieren – auch den inneren Rand –, danach rot bemalen. Den Strukturschnee mit Wasser leicht verdünnen und Rand und Styroporkugel damit überziehen. Nach dem Trocknen die Spitze in die Kugel ste-

FROHE
WEIHNACHTEN!

Lustige Schneemänner

→ Baumschmuck

ZUSÄTZLICH FÜR TÜTE

- Spitztüten-Hänger, ø 10 cm x 26 cm
- Acrylfarbe in Rot und Weiß
- Styroporkugel, ø 4 cm
- Strukturschnee

VORLAGENBOGEN 3B

MOTIVHÖHE
ca. 16 cm

MATERIAL PRO FIGUR

- Fotokartonreste in Blau, Hellblau, Türkis, Hellgrün und Weiß, Türkis und evtl. Hellgrün
- Tonpapierreste in Pink und Hellrosa
- Filzreste in Hellblau bzw. Hellgrün
- Blumendraht in Weiß, ø 0,35 mm, 2 x 30 cm (Hände), 3 x 15 cm (Aufhänger)
- Plüschpompon in Blau, ø 1 cm

VORLAGENBOGEN 3B

WEITERFÜHRUNG

Katz' und Maus

chen und mit Klebstoff fixieren.

2 Die Katze fertigen wie oben beschrieben, den unteren Teil weglassen (siehe Vorlagenbogen) und den Körper im Tüteninneren festkleben. Der Schwanz mit dem angehängten Stern wird von außen an die Tüte geklebt.

1 Köpfchen und Körper mit einem schmalen aufgeklebten Kartonstreifen verbinden. Die Gesichtslinien zeichnen, die rosa Nase aufkleben, die Wangen einfärben und jeweils eine bunte Mütze aufkleben. An der Mützenspitze den Pompon fixieren.

2 Die Beine mit den dunkleren Streifen bemalen und samt Armen an der Rückseite ankleben. Schuhe und Handschuhe aufsetzen und mit weißem Lackstift dekorieren. Den Filzschal umbinden und das Herz vorne aufkleben, beim unteren Schneemann allerdings nur oben festkleben, damit der Draht dazwischengeschoben werden kann.

3 Die Blumendrahtspirale etwas auseinander ziehen, durch die Handschuhe bzw. Mütze stechen, das Ende jeweils mit dem Rest verdrehen und den Schneemann damit aufhängen.

4 Die blauen Herzen mit Buntstiften dekorieren, auf ein größeres Stück andersfarbigen Karton kleben und diesen so zuschneiden, dass rundum ein schmaler Rand stehen bleibt. Mit Blumendrahtspiralen aufhängen.

Weihnachtspost

→ Briefbehälter und Gutschein

MOTIVHÖHE

Rentier ca. 36 cm

Geschenkengel ca. 14 cm

RENTIER

- Formfilz in Gelb und Hellblau, A4
- Formfilzrest in Hellgrün und Rot
- Filzreste in Schwarz, Dunkelrot, Orange und Pink
- Papierdraht in Blau, ø 2 mm, 6 cm lang
- Wollfaden in Rosa, 1 m lang
- Goldglitter

ENGEL

- Fotokartonreste in Hellgrün, Schwarz, Hellblau, Gelb und Hautfarbe
- Tonpapierreste in Orange und Pink
- Transparentpapier mit Sternenmuster, Rest
- Briefumschlag in Weiß, 11 cm x 8 cm
- Plüschpompon in Rot, ø 7 mm
- 5 Holzwäscheklammern, 7 cm lang

VORLAGENBOGEN 4A

Rentier

1 Für den Rentierkörper zwei deckungsgleiche Formfilzteile ringsherum mit großen Stichen zu einem am Rücken offenen Beutel zusammennähen. Den Hals an der Rückseite fixieren, darauf den Kopf kleben und hinter diesen das Geweih. Die Beine anbringen und auf diesen das Schaukelteil fixieren. Für den Schwanz eine Schlaufe aus Papierdraht an der Rückseite fixieren.

2 Nase, Zaum und Auge aus Filz aufkleben, Mund und Ohrenlinie aufzeichnen.

3 Für die bunte Satteltasche das rote auf das orange Teil kleben und mit der Zackenschere einen schmalen überstehenden Rand schneiden. Die übrigen Filzteile übereinander auflegen und nur am oberen Rand ankleben. Den Aufhängefaden an den vorgegebenen Punkten fixieren und alles gut trocknen lassen.

4 Mit einem breiten Pinsel einzelne Teile leicht mit Goldglitter bestäuben und danach, damit sie nicht verwischt werden, einige Konturen damit nachziehen.

Engel

1 Zwei Wäscheklammern mit hellblauen Fotokartonstreifen überkleben und zwei mit hellgrünen. Die dunkleren Streifen mit Filzstift aufmalen und Händchen und Schuhe aufkleben.

2 Das Gesicht aufzeichnen, die Wangen einfärben, den Nasenpompon aufsetzen und das orange Haarteil aus Tonpapier ankleben. Die Wäscheklammer mit einem hautfarbenen Streifen überkleben und das fertige Köpfchen daran fixieren. Den Ansatz mit dem blauen Kragen verdecken.

3 Die transparenten Flügel an der Rückseite des Briefumschlages ankleben, das pinkfarbene Herz anbringen und alle Teile dazuklammern.

Frohe Weihnachten und ein gutes
Neues Jahr ★ Merry Christmas
FROHE WEIHNACHTEN FROHE

Wie viele Tage noch?

→ Adventskalender

MOTIVHÖHE
ca. 80 cm (Weihnachtsmann ca. 23 cm)

MATERIAL
- Friesenbaumset, dreiteilig, 70 cm hoch
- 24 Streichholzschachteln
- Fotokarton in Rot, Grün, Gelb, Violett, Rosa und Blau, A4
- Fotokartonreste in Weiß, Schwarz, Pink und Hautfarbe
- Tonpapierrest in Hellbraun
- Motivlocher: Stern
- Holz-Adventskalenderzahlen mit Miniklammer in Gold, 3 cm
- Satinband in Hellblau, 6 mm breit, 5 m lang

VORLAGENBOGEN 4B

1 Mantel und Mütze sind ein Teil. Den Bart aufkleben, darüber das gezeichnete Gesichtsoval. Die beiden Schnurrbartteile aus Tonpapier nur in der Mitte ankleben und beidseitig etwas hochbiegen. Mittig darauf den Nasenpunkt positionieren.

2 Einen Ärmel an der Vorder-, einen an der Rückseite ankleben, dahinter jeweils einen Handschuh. Die Hose von hinten ankleben. Ein Hosenbein etwas einschneiden. Auf die weißen Strümpfe die roten Streifen malen und diese an der Hosenrückseite und auf den schwarzen Schuhen anbringen.

3 Die Mondsichel in eine Hand kleben, das mit schwarzem Filzstift bemalte Bärchen in die andere. Die beiden gemusterten Schalteile ankleben und den Weihnachtsmann mit der eingeschnittenen Hosenbeinlinie auf den Querbalken des Friesenbaums schieben und befestigen.

4 Alle Streichholzschachteln mit einem bunten Karton überkleben und diesen ringsum zurecht schneiden. Ein weiteres andersfarbiges Quadrat aufsetzen und darauf den gelben Stern. Ein Stück Satinband an der Rückseite ankleben und mit den Zahlenklammern am Friesenbaum anbringen.

Tipp: **Da der Weihnachtsmann aus vielen Einzelteilen besteht, nehmen Sie zu ihrer richtigen Positionierung den Vorlagenbogen zu Hilfe.**

DER WINTER IST DA!

MATERIAL TÜRSCHILD

- Holzwäscheklammer, 7 cm lang
- Fotokartonreste in Weiß, Hellblau und Schwarz
- Papierdraht in Weiß, ø 2 mm, 10 cm lang
- 2 Holzperlen in Weiß, 5 in Rot, ø 7 mm
- Blumendraht in Schwarz, ø 2 mm, 2 x 15 cm, 2 x 10 cm, 1 x 15 cm lang
- Metallglöckchen, ø 1,1 cm
- Naturbastfäden
- Plusterfarbe in Weiß
- Holzscheibe, Erlenzapfen, dünner Ast

WEIHNACHTSMANN

- Holzwäscheklammer, 7 cm lang
- Acrylfarbe in Rot und Schwarz
- Fotokartonreste in Rot und Hautfarbe
- Tonpapierrest in Weiß
- Papierdraht in Rot, ø 2 mm, 10 cm lang
- 2 Holzperlen in Hellblau, ø 7 mm
- Chenilledraht in Weiß, 8 cm lang (1 x 5 cm, 1 x 3 cm)
- Plüschpompon in Weiß, ø 7 mm

RENTIER

- Holzwäscheklammer, 7 cm lang
- Acrylfarbe in Pink
- Fotokartonreste in Rot, Grün, Hellbraun und Gelb
- Filzrest in Hellblau
- Papierdraht in Rot, ø 2 mm, 10 cm lang
- 2 durchbohrte Rohholzkugeln, ø 7 mm

VORLAGENBOGEN 4B

Klemmentinis

→ vielseitige Deko

Türschild

Siehe auch Seite 1.

1 Die Wäscheklammer mit dem weißen Kartonstreifen überkleben. Die weißen Streifen auf den drei Schalteilen anbringen, den Schal positionieren und ankleben. Das gestaltete Köpfchen aufsetzen, einige kurze Basthaare ankleben und darüber den Zylinder fixieren.

2 Die Holzperlen mit Klebstoff auf den Papierdraht schieben und die Ärmchen an der Rückseite der Klammer fixieren.

3 Das weiße beschriftete Schild mit hellblauem Tonkarton unterlegen und mit schmalem Rand ausschneiden. Den Blumendraht durchstechen, beidseitig eine Perle auffädeln und am Ästchen befestigen. An zwei längeren Drahtteilen hängen Glöckchen, Holzscheibe und Erlenzapfen. Nach Belieben Plusterschnee über dem Motiv verteilen.

4 Weihnachtsmann am Ast festklammern und mit einem Faden aufhängen.

Weihnachtsmann

Abbildung Seite 32.

1 Die Körperseite der Wäscheklammer mit rotem Fotokarton überkleben, zwei schwarze Knöpfe und Schuhe aufmalen, den weißen Chenilledraht herumführen und ankleben.

2 Die Holzperlen mit Klebstoff auf den Papierdraht schieben und die Ärmchen an der Rückseite der Klammer fixieren.

3 Das Gesichtchen dekorieren, die Bartteile übereinander aufkleben und mittig den roten Nasenpunkt aufsetzen. Die Mütze anbringen, ihren Rand mit Chenilledraht bekleben und den Pompon auf die Spitze setzen.

WEITERFÜHRUNG

Klemmentinis

Rentier

1 Die Klammer mit dem roten Kartonstreifen überkleben, die weißen Streifen mit Buntstift aufmalen, das grüne Hemd und den Filzschal aufkleben.

2 Die Gesichtslinien aufzeichnen, die Nase samt Geweih fixieren und das Köpfchen aufsetzen.

3 Die Rohholzkugeln mit Klebstoff auf den Papierdraht schieben und die Vorderbeinchen in die Klammer kleben.

Die Autorin

Pia Pedevilla lebt in Bruneck (Südtirol). Sie studierte Kunst in Gröden und Werbegrafik in Urbino. Seit Jahren ist sie im Bereich der Illustration und des Designs für Kinder tätig, entwirft Holz- und Stoffspielzeug, didaktische Spiele für Kinder im Vorschulalter, Lichtobjekte und Teppiche. Viele Jahre hat sie an der Grundschule mit Kindern gebastelt und gemalt. Heute leitet sie Fortbildungskurse für Lehrer, interessierte Erwachsene und Kinder. Im frechverlag hat sie mehrere Bücher über verschiedene Arbeitstechniken veröffentlicht.

Mehr erfahren Sie unter www.piapedevilla.com

DIESES BUCH ENTHÄLT 4 VORLAGENBOGEN

IMPRESSUM

FOTOS: frechverlag GmbH, 70499 Stuttgart; Fotostudio Ullrich & Co., Renningen
TEXT: Traudi Prenn
DRUCK: frechdruck GmbH, 70499 Stuttgart

Auflage: 5. 4. 3. 2.
Jahr: 2008 2007 2006 2005 2004 [Letzte Zahlen maßgebend]

ISBN 3-7724-3294-8
Best.-Nr. 3294